LOS LUGARES DE MI COMUNIDAD

EL AEROPUERTO

John Willis

LIGHTBOX
openlightbox.com

Entre a
www.openlightbox.com
e ingrese el código único
de este libro.

CÓDIGO DE ACCESO

LBXZ4429

Lightbox es una completa solución digital para enseñar y aprender temas curriculares de una manera original e innovadora. Lightbox se basa en las Normas Curriculares Nacionales.

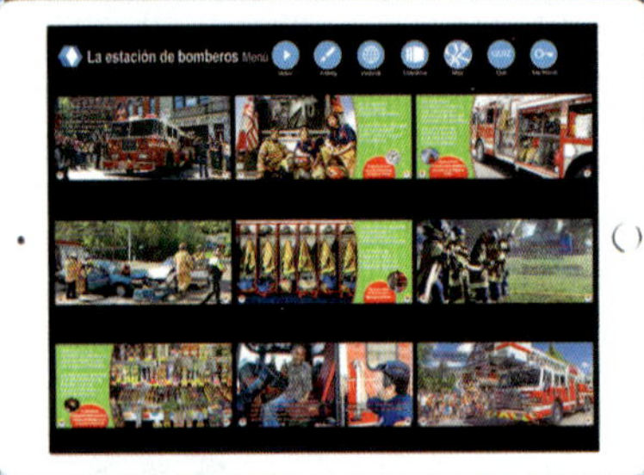

OPTIMIZADO PARA

- ✓ **TABLETAS**
- ✓ **PIZARRAS ELECTRÓNICAS**
- ✓ **COMPUTADORAS**
- ✓ **¡Y MUCHO MÁS!**

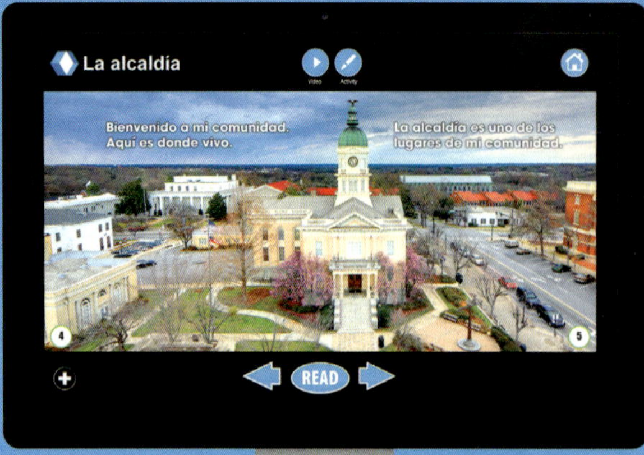

CARACTERÍSTICAS ESTÁNDAR DE LIGHTBOX

 **AUDIO** Narraciones de alta calidad con sistema de texto a voz

 **VIDEOS** Videoclips de alta definición incorporados

 **ACTIVIDADES** PDFs imprimibles que pueden enviarse por correo electrónico y calificarse

 **ENLACES WEB** Enlaces cuidadosamente seleccionados con recursos seguros para niños

 **PRESENTACIÓN EN DIAPOSITIVAS** Ilustraciones gráficas de los conceptos clave

 **MAPAS INTERACTIVOS** Mapas interactivos e imágenes satelitales aéreas

CUESTIONARIOS Diez preguntas de elección multiple con puntaje automático que se envían por correo electrónico al docente para su evaluación

 **PALABRAS CLAVE** Combinación de los conceptos clave con sus definiciones

VIDEOS

ENLACES WEB

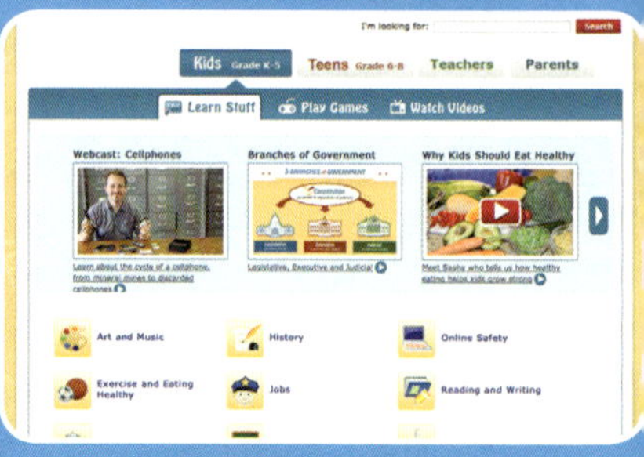

PRESENTACIÓN EN DIAPOSITIVAS

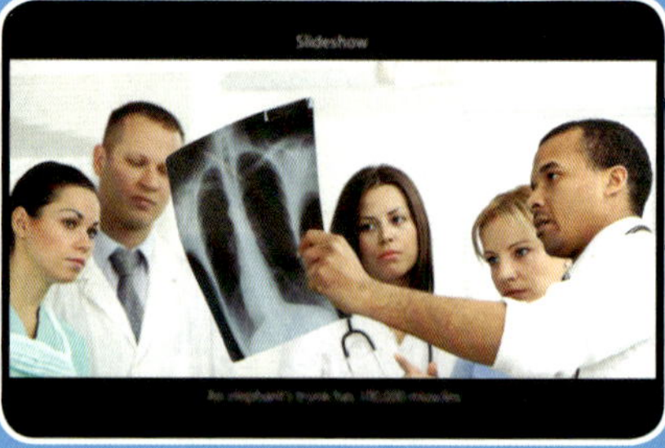

CUESTIONARIOS

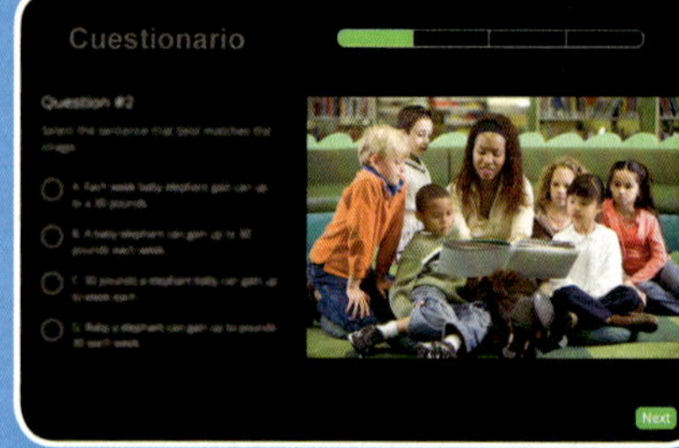

EL AEROPUERTO

En este libro aprenderás sobre

los aeropuertos

la gente que trabaja allí

por qué son importantes

¡y mucho más!

Bienvenido a mi comunidad. Aquí es donde vivo.

El aeropuerto es uno de los lugares de mi comunidad.

American
910
American
24312
American

El aeropuerto es un lugar donde llegan y salen aviones.

La gente se sube y baja de los aviones desde un edificio llamado terminal.

Más de **2 millones** de personas toman aviones todos los días en los Estados Unidos.

Una empleada de la aerolínea ayuda a los pasajeros a registrarse y obtener sus boletos.

Ella pesa el equipaje de los pasajeros y lo envía a la bodega del avión.

El personal de seguridad del aeropuerto revisa los bolsos y bolsillos de los pasajeros usando unas máquinas especiales.

Así, protegen la seguridad de los pasajeros.

El **aeropuerto más grande** de los Estados Unidos está en **Atlanta, Georgia**.

Los encargados del equipaje suben y bajan las maletas del avión.

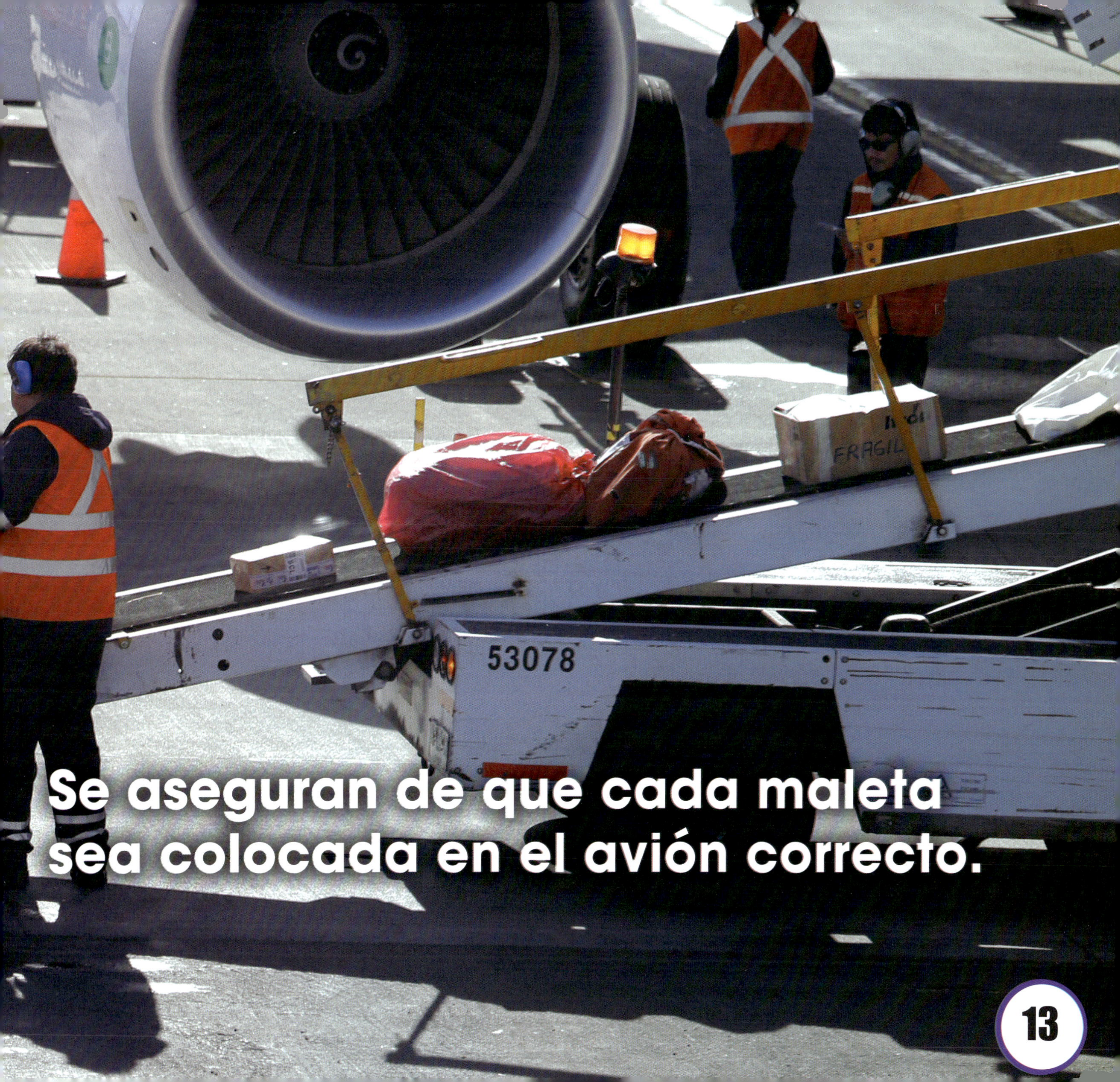

Se aseguran de que cada maleta sea colocada en el avión correcto.

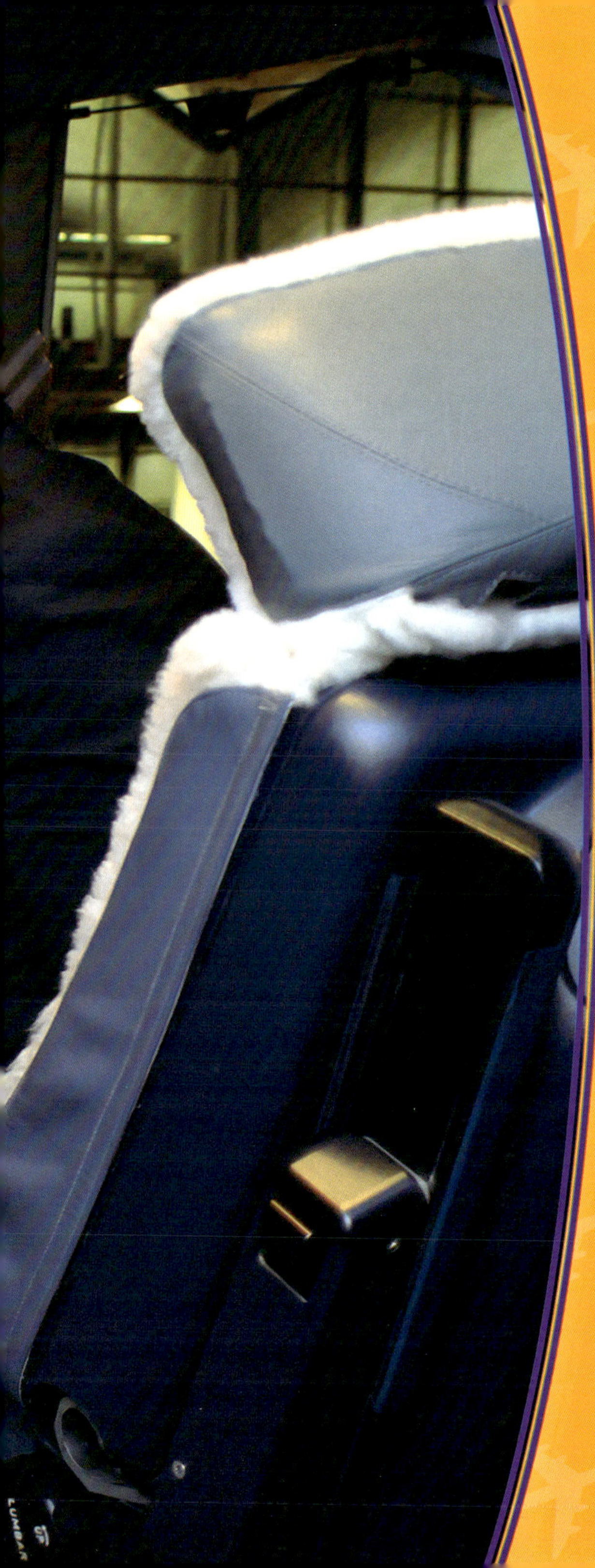

Los pilotos vuelan los aviones. En cada avión siempre hay más de un piloto.

El piloto al mando se llama capitán.

El **primer** servicio de aerolínea voló entre St. Petesburgo, Florida y Tampa, Florida en **1914**.

Los controladores del tráfico aéreo trabajan en torres muy altas. Usan computadoras para ayudar a los pilotos a volar y aterrizar sus aviones en forma segura.

La torre de control aéreo **más alta** de los Estados Unidos mide **398 pies** de alto.

RYANAIR

Con mi clase, iremos de excursión al aeropuerto. Aprenderemos sobre los diferentes tipos de aviones.

Tal vez, hasta podamos sentarnos en la cabina de un avión.

La gente de todas partes del mundo usa los aeropuertos para visitar a sus amigos y familiares.

Los aeropuertos acercan a personas de diferentes comunidades.

Veamos qué has aprendido sobre los aeropuertos y las personas que trabajan allí.

¿Cuáles de estas imágenes no muestran a un aeropuerto?

Published by Smartbook Media Inc.
350 5th Avenue, 59th Floor New York, NY 10118
Website: www.openlightbox.com

Library of Congress Control Number: 2017961957

ISBN 978-1-5105-3362-2 (hardcover)
ISBN 978-1-5105-3363-9 (multi-user eBook)

Printed in the United States of America in Brainerd, Minnesota
1 2 3 4 5 6 7 8 9 0 22 21 20 19 18

022018
011518

Spanish Project coordinator: Sara Cucini
Spanish Editor: Translation Services USA
English Project coordinator: Jared Siemens
Designer: Ana María Vidal

The publisher acknowledges Alamy, Dreamstime, Getty Images, iStock, and Shutterstock as its primary image suppliers for this title.